PAUL LABROUCHE

LES
PICS D'EUROPE

Notes Vieilles et Neuves.

PAU
IMPRIMERIE-STÉRÉOTYPIE GARET, RUE DES CORDELIERS, 11
J. EMPÉRAUGER, IMPRIMEUR

1906

PAUL LABROUCHE

LES
PICS D'EUROPE

Notes Vieilles et Neuves.

PAU
IMPRIMERIE-STÉRÉOTYPIE GARET, RUE DES CORDELIERS, 11
J. EMPÉRAUGER, IMPRIMEUR

1906

LES PICS D'EUROPE

NOTES VIEILLES ET NEUVES

I

Ces belles montagnes se réveillent. Elles ont longtemps dormi, dans le silence des cartes d'Espagne, où l'on a d'abord vu leur vague dénomination, puis — sur les plus récents tirages du xixᵉ siècle — quelques cotes d'altitude. On savait qu'elles étaient assez hautes, très escarpées, peu accessibles. Elles étaient surtout connues par la richesse de leurs filons, de nombreuses mines de zinc ayant été découvertes sur quelques-uns de leurs contre-forts élevés, de longs chemins d'exploitation ayant été tracés sur leurs versants. Dans le monde de la métallurgie, elles étaient une valeur « payante » ; dans le monde de l'alpinisme, elles étaient un massif quelconque, dont on ignorait la majesté et l'étendue, dont on savait mal l'orographie et encore plus mal les défenses.

Un jour, dans une conversation, mon ami Aymar de Saint-Saud dirigea vers ces grandes inconnues notre curiosité commune. Il les avait entrevues déjà, en 1881, lors d'un premier voyage autour d'Oviedo, qui l'avait conduit jusqu'au célèbre pèlerinage Covadonga, au pied des masses grises et neigeuses, voisines du littoral Asturien. Moi aussi, je me demandais si parfois, par certaines soirées d'automne prodigieuses de clarté, dans les mirages lointains de la côte Cantabrique, on ne voyait pas quelque chose au-delà des caps splendidement bleus d'Ogoño, de Machichaco et de Santoña. Brisant la courbe avancée des montagnes biscayennes et castillanes, ces éperons rétifs — dont le dernier figure une île, son rattachement au continent étant inférieur à la ligne d'horizon — semblent dominés, dans l'immense éloignement, par des lignes indécises, qu'on croirait flotter au-dessus d'eux, comme des taches de ciel. Je ne garantis rien, en ceci. Seul, l'observateur placé, avec un télescope puissant, pendant la période où les vents de sud règnent en Labourd, sur la terrasse du phare de Biarritz ou simplement sur un des belvédères de l'Atalaye ou de la Côte des Basques, pourrait déterminer si ces images estompées sont des réalités pyrénéennes, ou des vapeurs molles, errant aux sommets de sierras plus basses, entre Santander et le bassin supérieur de l'Èbre.

Qu'elles fussent des montagnes ou des nuages, ces fantastiques visions nous séduisirent ; et l'étude des pics d'Europe fut décidée.

II

Des devoirs professionnels, souvent malencontreux, m'empêchèrent de suivre le comte de Saint-Saud dans sa première campagne, toute de préparation. Et je recevais de lui, vers la mi-juillet 1890, une lettre qui devra quelque jour être versée au dossier de l'exploration asturienne ; car elle est un document essentiel d'origine. M. de Saint-Saud traduisait, dans ces pages, l'impression chaotique qu'il rapportait de ces quelques jours, passés sur les escarpements rébarbatifs de Lechugales, de Samelar et de Peña Vieja. Tel que les missionnaires de Moïse, il avait entrevu, dans l'entassement confus et indéfini de murailles taillées en biseau, une terre promise de montagnes vierges. Son récit exprimait une admiration égale au découragement : ce n'étaient plus quelques cimes à gravir, c'était toute une chaîne à surprendre, dans les mystères d'un grand désert bastionné.

Nous repartîmes, l'an d'après ; et notre effort collectif fut presque aussi malheureux que l'effort individuel du début. Mais, dans ce voyage de 1891, un résultat fut atteint, qui laissait espérer de meilleurs lendemains : nous savions ce qu'était la chaîne, où elle commençait, où elle finissait ; nous n'avions pas la possession de l'être aimé, dont nous n'avions pu reconnaître que quelques membres ; mais nous n'ignorions plus où étaient le corps, la tête, les bras, les pieds. La forme indéterminée, qui s'était esquissée en 1890, s'était aujourd'hui précisée. Il était acquis que le massif était tricéphale, que le front du couchant s'appelait Peña Santa, le front du milieu — front culminant — Cerredo, le front du levant Tabla de Lechugales. Nous étions mûrs pour la conquête.

Elle fut accomplie, sans coup férir, en 1892. Les trois têtes furent à nous, et chacune des têtes eut sont vainqueur : Lechugales avait été pris le 7 juillet 1890 par M. de Saint-Saud, et devint la moindre des trois, bien qu'elle passât pour être la majeure dans l'opinion commune[1] : la cime n'avait que 2445^m. Cerredo fut enlevé par nous deux le 30 juillet 1892, et s'élevait à 2642^m. J'escaladai Peña Santa le 4 août 1892, deux jours avant mon anniversaire — moment fécond dans ma vie en événements anormaux. Les calculs donnèrent pour la tête occidentale des pics 2586^m.

En 1893, mon laborieux initiateur reprit le chemin des montagnes centrales et compléta la précieuse série de ses visées. Il confia au colonel Prudent l'ensemble de nos documents. Et, grâce à la merveilleuse et méthodique habileté du savant géographe, le Club Alpin pouvait publier, en 1894, notre « Étude orographique » sur « Les Picos de Europa (Monts Cantabriques) », en l'accompagnant d'une carte esquisse au 1/100.000^e, non pas de l'ensemble de l'exploration, mais de sa partie essentielle, c'est-à-dire de la zone des grandes altitudes, entre Potes, qui y est porté, et Cobadonga, qui n'y est pas compris.

Il convient de remarquer que le « canevas-esquisse » de M. Prudent ne donne ni le littoral Cantabrique, ni les routes carrossables (sauf le petit tronçon ouvert dans la Liebana, en amont de Potes), ni le raccord avec la carte du génie au 1/500.000^e ou avec celle du Touring-Club, parue en 1905 (feuille 13 de la carte vélocipédique et touriste au 1/400.000^e, carré de Bayonne). On n'y trouve pas non plus les itinéraires sur les montagnes du Sud, dans les anciens royaumes de Léon et de Castille. Jusqu'à ce que l'œuvre soit reprise à nouveau, on ne saurait donc rapprocher la carte Prudent des cartes françaises qu'en utilisant, pour combler la lacune, soit la carte à très faible échelle de l'atlas Schrader et Prudent, soit la carte plus large de l'atlas Vivien de Saint-Martin.

---

[1]. — Dans le public, on ne connaissait guère du massif que le groupe oriental, devenu célèbre par ses mines ; et la seule station du réseau trigonométrique espagnol, le pic de Contés, qui n'occupe que le quatrième rang d'altitude dans cette partie du massif, était l'unique pointe dont la cote était certaine. Cependant, quelques rares cartes portaient d'autres altitudes, plus ou moins approximatives. La carte d'Espagne du guide Bædeker, au 1/275.000^e, parue en 1900, a adopté nos calculs pour Cerredo et Peña Santa.

III

Les récentes escalades de M. Pierre Pidal, marquis de Villaviciosa de Asturias, ont donné un regain d'actualité aux pics d'Europe, que le roi Alphonse XIII vient d'effleurer en passant, comme l'avait déjà fait son auguste père, en 1881 et 1882. Cette même année, également, le vicomte d'Ussel a parcouru ces montagnes; mais, comme tous ceux qui les attaquent une première fois, sans avoir l'accoutumance des obstacles et des difficultés d'un genre très spécial qu'on y rencontre, il n'a pas réussi à triompher des deux plus redoutables rochers qui s'y dressent : Peña Santa et Naranjo de Bulnes.

M. de Villaviciosa, dont j'ai eu l'occasion de parler précédemment[1], a publié de la seconde ascension, faite par lui, de Peña Santa un récit très écourté; et, si je ne le savais un montagnard hors pair et un narrateur aussi enthousiaste que sincère, j'aurais presque un doute sur le point de savoir s'il est vraiment possible, en un temps si bref et avec un seul compagnon, d'atteindre au point culminant. Mais Pierre Pidal est un hercule, d'une endurance sans égale; et ce que je contesterais à tout autre que lui, je ne le lui conteste pas, tout en reconnaissant que son record est un tour de force, irréalisable par n'importe qui.

Très relatif est l'échec de M. d'Ussel dans cette même Peña Santa, où il s'est rendu avec le guide bigourdan, qui a su découvrir la seule issue praticable et m'y a hissé moi-même en 1892. La montagne n'a pas été attaquée de front : l'intrépide grimpeur a — comme nous l'avions fait nous-mêmes en 1891 — ajouté foi à l'opinion vulgaire, qui affirme que cette cime est d'ascension courante. La vérification de ce dire n'eut peut-être pas été superflue.

Réellement fantastique est l'escalade du Naranjo faite par « don Pedro », qui joint à tous les atavismes cantabres l'entraînement et la technique de l'alpinisme moderne. J'avais cru — je l'ai rappelé il y a deux ans — que cette sorte d'orange (traduction de naranja), à panse surplombante, ne pourrait être jamais gravie, sans qu'on emploie quelque procédé mécanique : fusée

---

1. — *Bulletin Pyrénéen*, IX⁸ année, n° 43, janvier-février 1904, tome V, page 9.

porte-amarre, ballon, ou je ne sais quoi. Tel était aussi l'avis de Saint-Saud ; et tous les chasseurs qu'il avait interrogés avaient été unanimes dans leur réponse. Le marquis de Villaviciosa n'a pas été découragé par ces dires, qui m'avaient arrêté dans tout projet de tentative. Après une ascension, dont l'effrayant et détaillé récit serait à publier en traduction française, il est parvenu sur la cime de « l'Orange de Bulnes » le 5 août 1904 ; et, ce qui est plus prodigieux encore, il en est descendu sain et sauf. M. d'Ussel, dont la vigueur d'alpiniste est au-dessus de tout éloge, a dû reculer devant la verticalité des parois. Je commets l'indiscrétion d'extraire ce passage d'une lettre, qui m'a été transmise le 29 septembre dernier : « D'Ussel m'a écrit que ce n'était pas une escalade, que c'était un casse-cou insensé ; qu'il fallait être fou à lier pour tenter pareille aventure ; que le guide espagnol est prestigieux, d'une force herculéenne ; qu'il en a eu assez, au bout de deux heures, d'être tiré comme un paquet, balloté le long du rocher ; que ce n'était pas une ascension, mais un tour de force ; que le marquis avait été hissé à force, à bout de bras... »

Aucun motif de ce récit n'est fait pour me surprendre ; car il me rappelle singulièrement les mauvais pas de Peña Santa. J'ai encore, sous mes yeux, braqués de peur, le spectacle de mon guide Salles, marchant pieds nus sur la dalle oblique, si déclive que tout glissait au contact, comme sur du vernis. L'abîme, au-dessous, se taisait, dans le silence angoissant de ces ruines, hostiles à la vie. L'homme marchait, grave et lent, rampant de tout son corps sur le vide, qui a de si étranges attirances. Dans ces escarpements calcaires, où il n'y a ni bruit d'oiseau, ni craquement de glacier, ni rumeur d'avalanche, ni gazouillis de source, on dirait que le silence parle, que le mont jaloux jette un appel terrifiant, qui n'est pas perçu par notre ouïe trop sourde, mais qui tout de même crie, vocifère, tempête — tel qu'un minotaure à l'affût, âpre à dévorer tout ce qui n'est pas mort.

Et, quand l'homme eut passé, ainsi qu'un serpent qui se tord sur un buste raide, il me jeta la corde, où je m'enroulai ; et, me balançant magnifiquement sur le précipice béant, profond je ne sais comme, il me ramena à lui, inconscient de tout.

Ce fut de même à la descente.

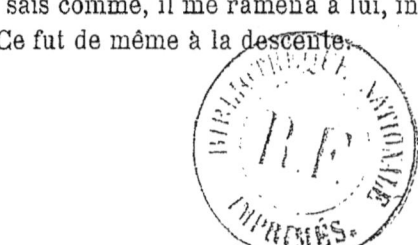

IV

Prenez sur le littoral Cantabrique, entre Santander et Gijon et à peu près à moitié distance entre ces deux ports, une longueur d'environ 50 kilomètres. Tracez un rectangle de 20 kilomètres de hauteur. Vous aurez, avec une approximation suffisante, l'étendue du soulèvement calcaire, dont les pics d'Europe forment la pyramide et les côtes Asturiennes le piédestal.

Deux cours d'eau, se repliant en angles presque droits, mais en sens inverse, constituent une ligne divisoire essentielle, en établissant un rectangle réduit au quart, mais de même forme que le premier. Ce rectangle est lui-même coupé par un troisième cours d'eau, qui le scinde en deux carrés sensiblement égaux, mais d'altitudes sensiblement inégales.

Ces trois rivières sont : le Deva qui coule de l'ouest à l'est, puis du sud au nord, et le Cares qui coule du sud au nord, puis de l'ouest à l'est ; la rivière médiane est le Duje qui, dans son lit supérieur, coule aussi du sud au nord, puis se replie de l'est à l'ouest ; si bien que le premier carré détache comme une faux, qui s'avance au-delà de sa ligne géométrique et en trouble l'harmonie d'ensemble.

Mais cette harmonie subsiste néanmoins ; car cet avancement n'appartient plus à la pyramide, mais au piédestal ; si bien que la pyramide reste figée dans les carrés presque réguliers du Deva et du Cares.

La première tête du massif tricéphale, renfermé dans le carré du Deva, est le groupe oriental du soulèvement, le groupe d'Andara ; la seconde tête en est le groupe central, le groupe des Urrieles.

Plus loin, vers l'ouest, coule — directement du sud au nord — un quatrième cours d'eau, le Sella. Entre le Sella et le Cares se place la troisième tête du massif, le groupe occidental, le groupe de Cobadonga.

Au-delà du Sella, du Cares et du Deva, à l'ouest, au nord et à l'est, s'étend le piédestal du soulèvement.

Au contraire, au midi, la pyramide cesse brusquement ; et la physionomie des montagnes se transforme, comme par enchantement.

Cette zone méridionale est limitrophe de la chaîne des Pyrénées, dont l'axe se continue dans les terrains primitifs. Entre cette partie des Pyrénées, qu'on appelle la cordillère Cantabrique, et les pics d'Europe, s'épandent trois riantes vallées : la Liebana, dont la petite ville de Potes est le chef-lieu, occupe le haut bassin du Deva ; le Valdeon, dont Soto est le principal village, occupe le haut bassin du Cares ; le Sajambre, dont Oceja paraît la plus riche bourgade, occupe la haute vallée du Sella.

Le soulèvement calcaire, divisé en six tronçons, comprend donc trois régions hautes et trois régions basses, à savoir :

1° Le groupe central dont Cerredo, Llambrion, Vieja, Santa Ana, Naranjo de Bulnes, Salinas et Lalbo sont les sept points culminants, variant entre 2642 et 2475^m. Ces cimes sont dites généralement *tours (torres)*;

2° Le groupe occidental dont Santa et Bermeja sont les deux points culminants, variant entre 2586 et 2391^m. Ces cimes sont dites généralement *pènes (peñas)*;

3° Le groupe oriental dont Tabla de Lechugales, Hierro, Infanta Isabel et Contés sont les quatre points culminants, variant entre 2445 et 2373^m. Ces cimes sont dites généralement *pics (picos)*;

Cette nomenclature n'a rien d'absolu. Ainsi, dans le groupe central, on dit plutôt Peña Vieja que Torre Vieja, et l'on dit toujours Peña Remoña. Plusieurs pointes y sont dites aussi Picos. Ce terme générique a prévalu, et le soulèvement, que les anciennes cartes appelaient Peñas de Europa, est aujourd'hui dénommé Picos de Europa[1] ;

4° Le groupe au-delà du Deva, au levant ;

5° Le groupe en deçà et au-delà du Cares, au nord, jusqu'à l'Atlantique ;

6° Le groupe au-delà du Sella, au couchant.

Ces trois groupes sous-jacents, écrasés par les gigantesques murailles du grand massif, n'ont pas été étudiés ; et il est difficile d'en déterminer les points culminants[2]. Ils sont cependant

---

1. — L'atlas provincial de Martin Ferreiro, paru en 1864, à l'échelle de 1/770.000, révèle encore une hésitation : les cartes de Léon et de Santander portent : *Picos ;* la carte d'Oviedo : *Peñas ;* la carte de Palencia, ne donnant aucun détail au-delà de la Cordillère, s'arrête net à Puerto de Pineda et à Sierras Albas, au couchant de Piedras Luengas, sans indiquer le soulèvement. Dans son introduction, Ferreiro ne nomme pas les pics d'Europe ; il donne simplement, parmi les altitudes principales : « Pirineos Asturianos : Torre de Cerredo (Santander y Oviedo), 2678^m. » Jusqu'à notre exploration, cette altitude était géographiquement tenue pour exacte.

2. — Néanmoins, sur la chaîne côtière, quelques cartes donnent la cote de 1491^m pour le point culminant de la serre de Llanes (sierra de Cuera).

assez élevés pour que les cours d'eau qui les traversent aient dû se frayer un lit, en creusant dans leurs masses des gorges profondes. Le défilé du Sella est autrement escarpé que les autres défilés célèbres : Pierre-Lys et Saint-Georges, dans les Pyrénées de l'Aude, le Fier en Savoie et la Via Mala dans les Grisons, la Chiffa dans l'Atlas. La crevasse de Khakoueta, dans la vallée de Soule, et la rue d'Enfer, dans celle du Lys, peuvent seules donner — en très petit — l'image de l'entaille fantastique, où les ingénieurs castillans sont parvenus à faire passer un grand chemin.

V

Car il y a des chemins, aux pics d'Europe, des chemins magnifiques. Et ce n'est pas une des moindres particularités de cet incomparable pays que d'avoir créé, avant qu'il n'y eut des chauffeurs, de larges routes d'automobiles.

Ces routes sont au nombre de quatre :

Deux longent le haut massif par le nord, suivant, la première le littoral même, la seconde la vallée inférieure du Cares. La route du littoral entre dans le calcaire après San Vicente de la Barquera et en sort près de Ribadesella ; la route de l'intérieur quitte, à Panes, le cours du Deva, à Carreña le cours du Cares, et passe dans la vallée d'Onis par deux cols faciles : elle débouche à Cangas, après avoir reçu sur son parcours l'embranchement de Cobadonga, où il y a un téléphone... depuis vingt ans bientôt !

Deux routes, perpendiculaires aux précédentes, remontent les vallées :

L'une suit les gorges du Deva, du port d'Unquera — à son estuaire — jusqu'au-delà des bains de La Hermida ; puis, franchissant le col le plus élevé de la cordillère Cantabrique, le port de Piedras Luengas — haut de 1370^m — elle descend dans la vallée du Pisuerga, traverse la petite ville de Cervera et rejoint le chemin de fer de Madrid à Santander à la station d'Aguilar de Campoo. Le Pisuerga, depuis sa source à Piedras Luengas, coule généralement du nord au sud, décrivant sur son parcours un coude brusque à l'est — parallèlement au cours de l'Èbre — de Cervera à Aguilar : cette rivière baigne les plateaux de Castille, sur une longueur d'une soixantaine de lieues, et rejoint le Duero, en aval de Valladolid qu'elle arrose, entre Simancas et Tordesillas.

La seconde route de pénétration traverse les vertigineuses murailles du Sella par de nombreux tunnels, débouche dans le Sajambre, passe la Cordillère au port du Ponton et suit le cours de l'Esla : ce nouvel affluent du Duero grossit le fleuve en aval de Zamora, à environ cinq lieues de la frontière portugaise, après un cours de près de 300 kilomètres dans les plateaux de Léon. La route du Ponton met en communication le petit port de Ribadesella et la ville de Cangas avec Riaño, chef-lieu de district, et Léon, capitale de la province.

Une cinquième route, qui serait d'une importance majeure pour l'exploitation des mines du grand massif, le contourne sur son revers méridional. Un court tronçon, d'environ trois lieues, construit depuis une trentaine d'années, va prochainement, dit-on, être continué [1] : ce tronçon se détache de la route du Deva, dessert Potes, remonte à quelques kilomètres plus haut, et cesse brusquement au village de Camaleño. C'est là qu'Alphonse XIII a dû arrêter sa puissante automobile, le 31 août 1905, pour remonter à cheval, à une allure ultra-rapide, jusqu'à Espinama, Aliva et Ollo Llorozo, où un somptueux campement avait été dressé. Ces chasses royales, qui sont revenues à une centaine de mille francs par jour (350.000 pesetas, du 1er au 3 septembre), donneront peut-être au jeune monarque, d'une si féconde activité, la pensée de faire terminer l'indispensable voie du midi, entre le Deva et le Sella, la Liebana et le Sajambre, par les cols de Valdeon et de Ruedas, ce qui ne présente aucune difficulté technique. De ce jour, la mise en valeur économique et touristique des pics d'Europe prouvera — sans que l'un empêche l'autre — qu'il vaut encore mieux employer la poudre à ouvrir une chaussée large qu'à abattre vingt-trois isards dans les oules de Peña Vieja.

VI

Les pics d'Europe ont aussi leur chemin de fer ; mais ils ne l'ont que depuis quelques mois : le 20 juillet 1905 a été ouverte la ligne de Santander à Oviedo, qui longe la chaîne par le

---

[1]. — Les études de la route de Potes à Riaño par Portilla ont été terminées en 1903, et l'on croit que sa construction sera commencée en 1907 au plus tard. (Renseignement fourni, le 11 novembre 1905, par M. Henri Duhalde, directeur à Ruilóba de la Compagnie dite « Minas de zinc de Santander ». Je dois à ce très obligeant correspondant quelques-unes des contributions nouvelles de cette notice.) — Le projet franchit le port de San Glorio, sans desservir le Valdeon ni le Sajambre. (Carte des *Obras publicas.*)

littoral et permet d'aborder le massif par les grandes routes du Deva et du Sella. Le port de Llanes forme la station centrale du parcours : de Llanes, en franchissant la chaîne côtière et en descendant de Sierra de Cuera sur la vallée du Cares, on peut, à mulets, atteindre les trois seuls villages qui s'élèvent au nord des premiers escarpements : Sotres, dans le groupe oriental ; Bulnes, dans le central ; Camarmeña dans l'occidental. Trois trains quotidiens, qui quittent Santander vers 8 heures, 1 heure et 5 heures, desservent cette nouvelle ligne et font le trajet en huit heures ; le troisième de ces convois s'arrête à Llanes, à 9 heures du soir, et en repart le lendemain matin. Ainsi se complète la ligne continue du littoral Cantabrique, qui met en communication directe — mais avec de bien médiocres correspondances — Saint-Sébastien, Bilbao, Santander et Gijon.

Toutes les autres lignes sont fort éloignées du massif et les trajets sont longs et pénibles : soit que l'on prenne la voie transversale de Bilbao à La Robla pour descendre à Mataporquera (route de l'Èbre), à Cervera (route du Pisuerga), ou au pied de Peña Corada (route de l'Esla) ; soit que l'on suive la ligne du Nord par Venta de Baños, pour descendre à Reinosa (Èbre), à Aguilar (Pisuerga), ou à Torrelavega (bifurcation de la nouvelle ligne asturienne) ; soit que, se dirigeant de Palencia sur la ligne de Léon, on rejoigne par La Robla la ligne transversale de Bilbao, pour remonter à Riaño [1] et au Ponton. Dans toutes ces diverses directions, il n'existe, à ma connaissance, de service public de diligences que sur la route de Piedras Luengas, entre Cervera, Potes et Unquera.

Il convient de noter que, de Reinosa — station de la ligne de Madrid à Santander, qu'on peut atteindre aussi de Bilbao par Mataporquera — se détache une sixième route, que nous avons suivie le 8 septembre 1891. Passant à Fontibre, aux sources mêmes de l'Èbre, et au col du Frontal, dans la Cordillère cantabrique, pour descendre, par la vallée du Saja, à Cabezon de la Sal — station qui a été longtemps le terminus provisoire de la ligne de Santander à Oviedo — cette route se prolonge jusqu'à Comillas, où elle retrouve le chemin du littoral, deux voies parallèles reliant Torrelavega à San Vicente de la Barquera. La route de l'Èbre, qui dessert indirectement les pics d'Europe,

---

1. — La station qui dessert Riaño est Cistierna. Cette ligne transversale est un chemin de fer minier, qui n'a qu'un train quotidien de voyageurs. Il est appelé « ferro carril hullero de Valmaseda à La Robla ». (Renseignement de M. Duhalde.)

par Reinosa et Cabezon, dévale le long des splendides forêts des ports de Sejos ; et sa raison d'être, à travers une région déserte et haute, s'explique peut-être par l'influence d'un grand seigneur : le marquis de Comillas a eu l'honneur de recevoir dans son habitation princière, baignée par l'Atlantique, le roi Alphonse XII, qui partit de chez son hôte opulent pour aller abattre, le 19 août 1882, dans les mêmes oules de Peña Vieja, deux isards de moins que son valeureux fils.

VII

Le cadre étroit de ces notes brèves ne saurait comporter qu'une bibliographie sommaire des pics d'Europe. Aussi bien, si cette bibliographie devait s'étendre aux travaux parus en Espagne sur les gisements miniers du massif, ma documentation serait plus médiocre encore que ma compétence ; et, quant aux prolixes et imprécis articles de journaux et de revues, qui ont été publiés en 1881, 1882 et 1905, à la suite des chasses des deux derniers rois Alphonses, je crois que leur dépouillement défierait toute patience et n'accroîtrait pas sérieusement la contribution connue.

Mais, dans l'intérêt même des correspondants assez nombreux qui veulent bien s'adresser à nous à cet égard, il n'est peut-être pas inutile de rappeler, au point de vue purement géographique, les quelques opuscules qui se rapportent au soulèvement calcaire d'entre Sella et Deva.

M. Cassien de Prado, ingénieur du corps des mines, a publié, d'explorations faites de 1853 à 1856, une relation que je n'ai jamais vue et qui a été insérée je ne sais où. Le tirage à part, sans titre ni date, que M. de Saint-Saud a eu à sa disposition, lui a été confié par le colonel François Coello, président de la Société de Géographie de Madrid, où il est décédé le 30 septembre 1898 [1]. — On en trouvera l'analyse détaillée dans notre « Étude » (Annuaire, XX, 138-141 ; tirage à part, 12-15).

M. Ildephonse Llorente Fernandez a donné, en 1882, un récit très verbeux de la seconde des chasses royales, sous le titre :

---

1. — Cf. l'article nécrologique publié dans les n⁰ˢ 8-10 (livraison de septembre-octobre 1898) du Bulletin mensuel du Club Alpin (pages 285-286). Le signataire de ces quelques lignes est le colonel Prudent, dont M. Coello y Quesada a été l'un des bons collaborateurs, notamment par sa contribution aux calculs altimétriques des pics d'Europe.

Las Cacerias del Rey : Descripcion del viaje que, en el verano de 1882, hizó el Rey don Alfonso XII á los Picos de Europa y á Liébana. Il en a été donné une courte analyse dans notre « Étude » (Cf. *Annuaire*, pages 142-143, et *Tirage*, pages 15-17).

Notre « Étude » elle-même, parue douze ans plus tard[1], se subdivise comme suit : I. Introduction ; II. Itinéraires et bibliographie ; III. Massif occidental ou de Covadonga ; IV. Massif central ou des Orriellos ; V. Massif oriental ou de Andara ; VI. Montagnes du sud ; VII. Notes explicatives sur les listes d'altitude et la carte; VIII. Listes d'altitude (3 listes : *A)* Points géodésiques, ayant servi de points de rattachement ; *B)* Stations du comte de Saint-Saud dans les Picos de Europa ; *C)* Principaux points déterminés au moyen de tours d'horizon, ou en altitudes, au moyen du baromètre altimétrique).

La relation de notre exploration a paru, partie dans le *Tour du Monde*, partie dans la *Revue des Pyrénées*. Les deux récits s'entremêlent, pour les trois premiers voyages ; le dernier seul est inséré en entier dans la *Revue des Pyrénées*. (Cf. tome VI, 1894, pages 400-415, 4e fascicule ; tome VII, 1895, pages 163-210, 2e livraison.) Cette relation a paru sous le titre : *Pyrénées Asturiennes et Pics d'Europe*. Le tirage à part, édité en 1895, porte l'entête : *Excursions dans les sierras d'Espagne* (64 pages). Le *Tour du Monde* a consacré à la partie du récit qu'il a donné ses 1.728e et 1.729e livraisons, des 17 et 24 février 1894 (tome LXVII, pages 97-128). Le tirage à part (32 pages), comme l'édition originale du recueil, sont intitulés : *Aux Pics d'Europe (Pyrénées Cantabriques)*.

M. de Saint-Saud a visité six fois le massif ou ses environs. Voici le relevé récapitulatif de ces tournées, dont les deux extrêmes sont de simples promenades de touristes :

I. 1881. — *Excursions dans les Pyrénées Cantabriques* (Club Alpin, Section du Sud-Ouest, Bulletin n° 11, juillet 1882, pages 45-54). On y lit cette phrase (page 49) : « Les superbes *pics d'Europe*, qui dépassent 2600^m, se dressent, couverts de neige sur les frontières de la Vieille Castille et des Asturies. Leur massif est d'autant plus imposant que, leur base se trou-

---

[1]. — Annuaire de 1893, paru en 1894, pages 129-181 ; carte-esquisse, page 144. Les annuaires portent deux dates, celle de la fondation du Club et celle de la publication : il est essentiel, pour la sûreté des références, d'indiquer la tomaison de fondation (XXe année, en 1893).

vant à une altitude de 300ᵐ, ces montagnes s'élèvent directement de 2300ᵐ. » C'est la première mention qui est faite de la chaîne dans les publications françaises d'alpinisme. (Tirage à part de 16 pages.)

II. 1890. — A Andara et Aliva. Premier voyage aux Pics, dont un chapitre a paru dans la *Revue des Pyrénées* (VI, 403-406) et un autre dans le *Tour du Monde* (LXVII, 99-103).

III. 1891. — Premier voyage collectif. Deux chapitres (II-III), insérés dans la *Revue des Pyrénées* (VI, 407-415), les autres (II-IV) dans le *Tour du Monde* (LXVII, 103-116).

IV. 1892. — Deuxième voyage collectif. Sept chapitres (IV-XI) dans la *Revue des Pyrénées* (VII, 163-202), le reste (V-VII) dans le *Tour du Monde* (LXVII, 116-128).

V. 1893. — Dernier voyage aux Pics. Paru en entier, en un seul chapitre (XII), dans la *Revue des Pyrénées* (VII, 202-210).

VI. 1894. — Voyage sur le littoral et dans le défilé du Deva, paru sous le titre : *D'Oviedo à Santander* dans l'Annuaire du Club Alpin (XXIᵉ année, 1894, pages 221-241).

En outre, le comte de Saint-Saud a donné à Bordeaux, le 27 février 1894, une conférence intitulée : *Les Pics d'Europe. Excursions dans les Pyrénées Cantabriques,* qu'a publiée le Bulletin n° 35 de la Section du Sud-Ouest (juin 1894, pages 35-61); et il a rédigé, le 1ᵉʳ juillet 1894, un résumé qui, traduit en catalan par P. P. y R., a été inséré dans le « Butleti del Centre Excursionista de Catalunya, octubre-disembre 1894, any IV, numero 15 » sous le titre : *Los Picos de Europa : Cantabria y Asturias* (243-257).

Toutes ces publications ont été tirées à part et renferment généralement des cartes et gravures.

M. Albert Tissandier a réservé à la *Nature* du 9 novembre 1895 (n° 1.171) le récit d'une excursion aux pics d'Europe, réalisée l'été précédent. De nombreux croquis accompagnent cette narration, notamment de précieux dessins sur le défilé du Sella.

En 1903, dans *Cent Ans aux Pyrénées,* M. Henri Beraldi a consacré aux pics d'Europe un chapitre de son avant-dernier volume (tome VI, pages 94-120). Voici les titres des six alinéas de cet ouvrage qui concernent le massif calcaire asturien : XXI. Les

Pics d'Europe. Liévana, Valdeon et Sajambre ; XXII. Autrefois. Casiano de Prado : la tour de Llambrion. Les chasses d'Alphonse XII ; XXIII, 1890. Saint-Saud. La Tabla de Lechugales et la Pène Vieille ; XXIV, 1891. Saint-Saud et Labrouche. La Pène Vermeille. Le défilé du Sella ; XXV, 1892. Avec Salles Bernat. La tour de Cerredo et la Pène Sainte ; XXVI. Albert Tissandier.

Les grandes journées du marquis de Villaviciosa ont fait l'objet de deux articles, signés du jeune explorateur, et parus dans la *Epoca* des 29 septembre 1903 et 20 décembre 1904.

Le présent article — avec de rares modifications de détail — a paru dans le n° 54 du *Bulletin Pyrénéen,* livraison de novembre-décembre 1905.

Sous le titre *Aux « Picos de Europa »* — Asturies — M. Fontan de Négrin a publié, dans la livraison de janvier-février 1906 du même recueil, un article sur les ascensions faites, l'été précédent, avec M. d'Ussel. Ce numéro renferme également une lettre rectificative du vicomte d'Ussel, à laquelle il sera répondu.

Jusqu'à ce jour, les articles du *Bulletin* bouclent, pour les pics d'Europe, le cycle asturien de la bibliographie pyrénéiste.

www.ingramcontent.com/pod-product-compliance
Lightning Source LLC
Chambersburg PA
CBHW070428080426
42450CB00030B/1831